글 김성화·권수진

부산대학교에서 생물학, 분자생물학을 공부했습니다. 《과학자와 놀자》로 창비 좋은어린이책 상을 받았습니다. 첨단 과학은 신기한 뉴스거리가 아니라 물리 법칙으로 가능한 과학 세계의 이야기라는 것을 들려주려고 '미래가 온다' 시리즈를 쓰기 시작했고, 《미래가 온다, 로봇》, 《미래가 온다, 나노봇》, 《미래가 온다, 뇌 과학》 등 20권을 완간했습니다.
지금은 수학적으로 사고하는 방법과 그런 사고가 미래를 어떻게 바꿔 놓을지까지, 과정에 충실한 수학 정보서, '미래가 온다' 수학 시리즈를 진행하고 있습니다.
《고래는 왜 바다로 갔을까?》, 《과학은 공식이 아니라 이야기란다》, 《파인만, 과학을 웃겨 주세요》, 《우주: 우리우주에 무슨 일이 있었던 거야?》, 《만만한 수학: 점이 뭐야?》 등을 썼습니다.

그림 한승무

홍익대학교에서 시각디자인을 공부했습니다. 지금은 호주의 바닷가 시골 마을에서 두 아이를 키우며 애니메이션, 일러스트, 그림책, 사진 등의 작업을 하고 있습니다.
쿠키런의 오리지널 캐릭터를 개발했으며, 2021년 볼로냐국제아동도서전에서 '올해의 일러스트레이터'로 선정되었습니다.
사진집 《숲과 바다 형제 사진》을 펴냈으며, 《엉뚱한 기자 김방구》, 《오싹오싹 해골 젤리 치약》, 《그렇게 치킨이 된다》, 《엄마 아빠의 작은 비밀》, 《학교 가기 싫은 선생님》 등에 그림을 그렸습니다.

미래가 온다

거대 소수로 암호를 만들어!

소수와 암호

와이즈만 BOOKs

미래가 온다 수학

02 소수와 암호 **거대 소수로 암호를 만들어!**

1판 1쇄 발행 2023년 8월 10일 | 1판 2쇄 발행 2024년 4월 24일

글 김성화 권수진 | 그림 한승무 | 발행처 와이즈만 BOOKs | 발행인 염만숙

출판사업본부장 김현정 | 편집 원선희 양다운 이지웅
기획·책임편집 임형진 | 디자인 권석연 | 마케팅 강윤현 백미영 장하라

출판등록 1998년 7월 23일 제1998-000170 | 제조국 대한민국
주소 서울특별시 서초구 남부순환로 2219 나노빌딩 5층
전화 마케팅 02-2033-8987 편집 02-2033-8983 | 팩스 02-3474-1411
전자우편 books@askwhy.co.kr | 홈페이지 mindalive.co.kr | 사용연령 8세 이상
ISBN 979-11-92936-04-8 74410 979-11-92936-02-4(세트)

ⓒ 2023, 김성화 권수진 한승무 임형진
이 책의 저작권은 김성화, 권수진, 한승무, 임형진에게 있습니다.
저자와 출판사의 허락 없이 내용의 일부를 인용하거나 발췌하는 것을 금합니다.

잘못된 책은 구입처에서 바꿔 드립니다.

와이즈만 BOOKs는 ㈜창의와탐구의 출판 브랜드입니다.
KC마크는 이 제품이 공통안전기준에 적합하였음을 의미합니다.

미래가 온다

거대 소수로 암호를 만들어!

소수와 암호

김성화·권수진 글 | 한승무 그림

0 그것에 대해 들어 봤어? 7

1 수학자는 소수를 좋아해 13

2 수를 쪼개고 쪼개면… 21

3 소수거나 소수가 아니거나 33

4 소수를 샅샅이 찾아라 43

5 소수가 점점 사라져! 59

6 소수가 어디에 숨어 있을까? 71

7 마법의 공식이 나타났다 83

8 소수 매미에게 무슨 비밀이 있을까? 93

9 거대 소수로 암호를 만들어! 101

10 외계인과 소수로 대화해 115

소식 들었어?
온 세상 사람들이
그걸
쓰고 있어!

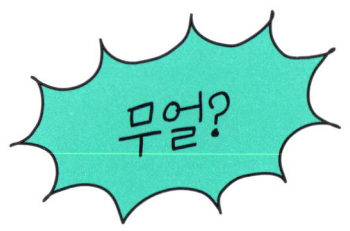

너도 매일매일 그걸 써.
엄마도 매일매일 그걸 써!

그것 덕분에…

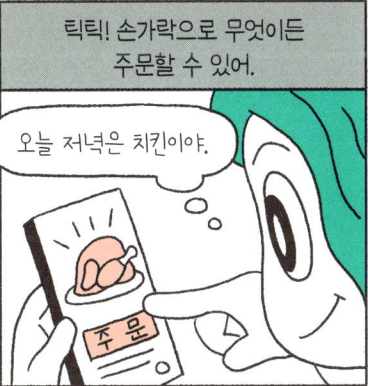

"무슨 말이야?"

"무얼 쓰고 있다는 거야?"

"아하! 스마트폰?"

아니! 하지만 스마트폰으로 무언가를 주문할 때 이걸 쓴다니까!

"음…… 설마 손가락 말이야?"

푸하하!

그것도 틀린 말은 아니야.

하지만 그건 IT 기업의 중앙 컴퓨터 속에 들어 있어. 그리고 네가 무언가를 주문할 때마다 그걸로 마법을 걸어!

"정말?"

그게 없으면 은행도 구글도 넷플릭스도 네이버도 아마존도 쿠팡도 카카오톡도 문을 닫아야 할걸. 그것 때문에 수학자들은 머리를 쥐어뜯고, 가슴앓이를 하고…… 너무 기뻐했다가 너무 슬퍼해. 그것의 비밀은 수학계 최고의 수수께끼야. 무려 2000년 동안이나 말이야.

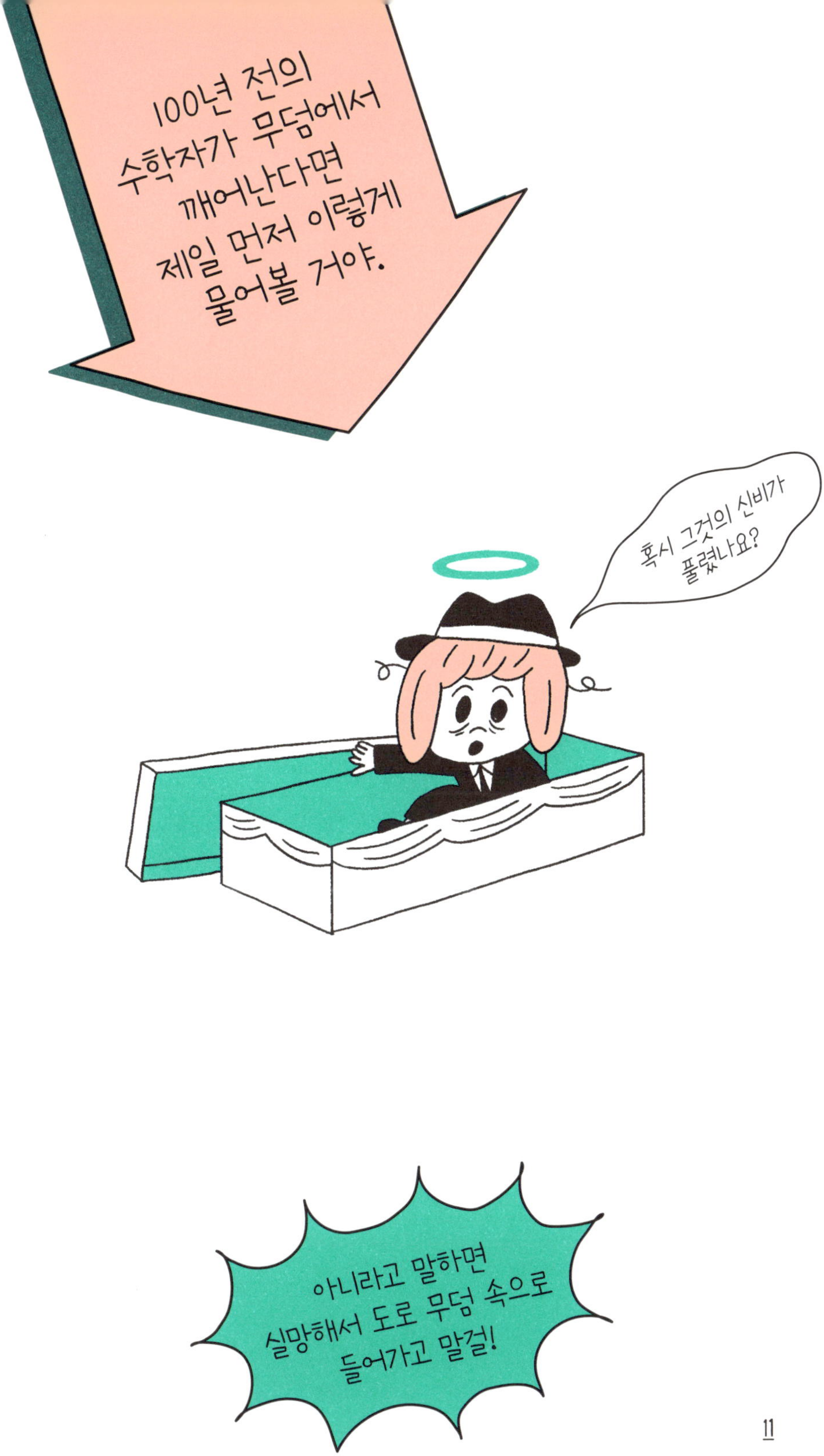

100년 전의 수학자가 무덤에서 깨어난다면 제일 먼저 이렇게 물어볼 거야.

혹시 그것의 신비가 풀렸나요?

아니라고 말하면 실망해서 도로 무덤 속으로 들어가고 말걸!

하지만 너는 그걸 들어 본 적이 없을지도 몰라.
어쩌면 오늘이 네 인생에서 그것에 대해 처음 듣게 된 날일지도.
그건 바로 바로 소수라는 거야!
"그게 뭐야?"
그게 뭐든 오늘 넌 대단한 수학을 배우게 될 거야.
혹시 소수 안경이 필요할지 몰라!
"소수 안경?"
소수가 보이는 안경이야. 수학 마트에 팔아.
"그런 게 있어?"
푸하하, 없어!
수학 마트가 있다면 소수 안경을 팔지 몰라. 그러면 아마도 수학자가 1등으로 줄을 설걸!

1

수학자는 소수를 좋아해

수학자는 숫자만 보면 소수인지 아닌지 알고 싶어 해.
영수증, 전화번호, 자동차 번호, 우편 번호, 계좌 번호, 복권 번호!
수학자는 결코 복권을 사지 않지만, 만약에 수학자가 복권을 산다면 복권이 당첨될까 말까보다 그게 소수인지 아닌지가 더 궁금할걸?

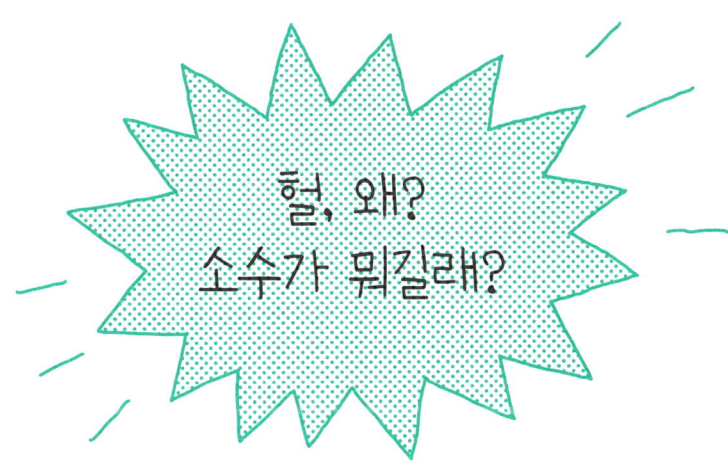

쉿!
들어 봐!

두둥

두두둥

두두두두둥

두두두두두두두둥

두두두두두두두두두둥

두두두두두두두두두두두둥

들려?
만약, 다음 북소리가 들려온다면 너는 천재야!
이 괴상한 리듬이 수학자의 마음을 사로잡고 악마처럼 영혼을 홀려. 북소리에 심장이 조금이라도 두근거린다면……
조심해! 너는 수학자가 될지 몰라.
수많은 수학자들이 어린 시절에 이 신비로운 리듬에 홀려 수학의 세계로 끌려갔어.
"헉!"
"왜?"
리듬을 숫자로 바꿔 봐.
"기다려!"
"음……."

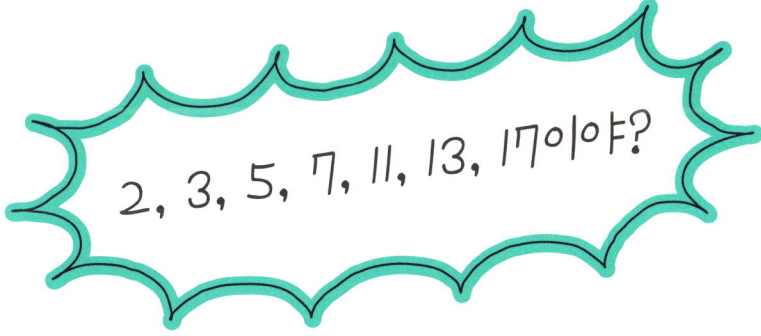

2, 3, 5, 7, 11, 13, 17이야?

그게 끝이 아니야.
북소리가 계속 계속 울려.

그 뒤에도 그 뒤에도 계속 계속 끝이 없어.
리듬을 계속 계속 숫자로 바꾸면 이래.

19, 23, 29, 31, 37, 41, 43, 47…….

계속 계속 계속 계속 계속 계속 이어져.
"그게 뭔데?"
소수들이야!
"소수가 뭐냐니깐."
쉿, 소수는 '하얀 수'라는 뜻이야. 하얀 소복을 입은 해골 같은 수야!

소수는 수의 '원자'와 같아.

원자가 뭔지 알아?

"알아, 사과를 쪼개고 쪼개고 쪼개면 원자가 돼."

"지우개를 쪼개고 쪼개고 쪼개면 원자가 돼."

"코딱지를 쪼개고 쪼개고 쪼개면 원자가 될걸?"

물질의 세계에 원자가 있다면……

수의 세계에 소수가 있어!

② 수를 쪼개고 쪼개면...

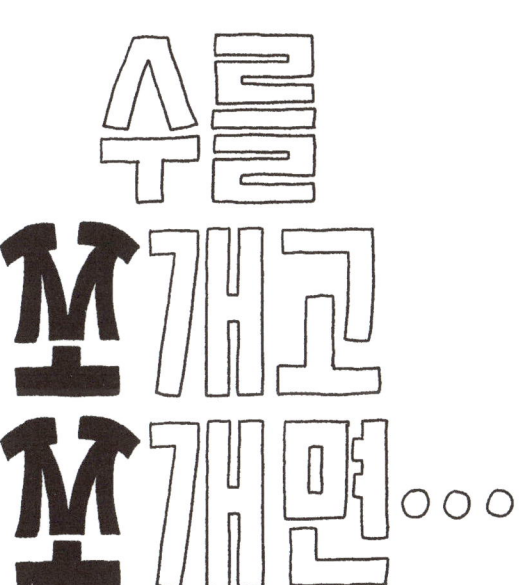

수는 곱셈으로 쪼개!

곱셈 알아?

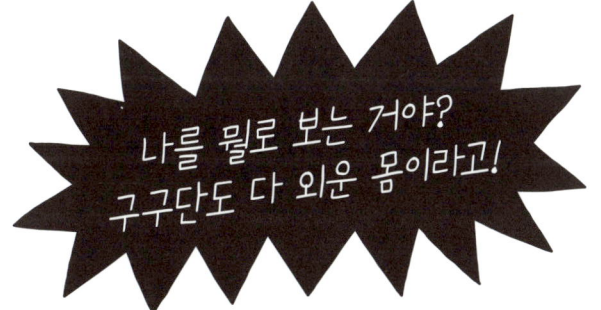
나를 뭘로 보는 거야?
구구단도 다 외운 몸이라고!

그렇다면 수를 부를 테니까
곱셈으로 쪼개 봐.

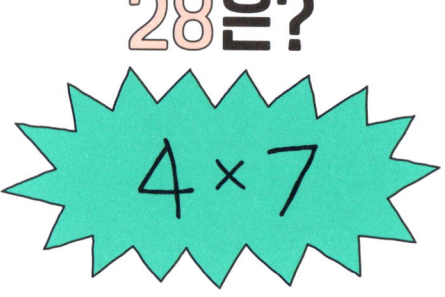

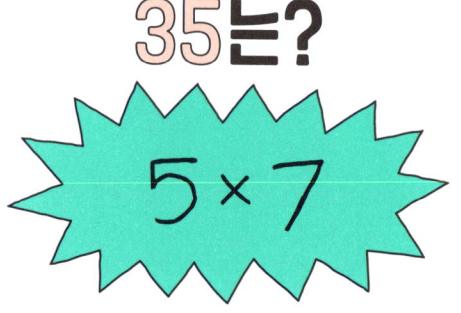

37은?

"음음, 37!"

"없어! 안 돼! 그런 걸 내면 어떡해!"

바로 그거야.

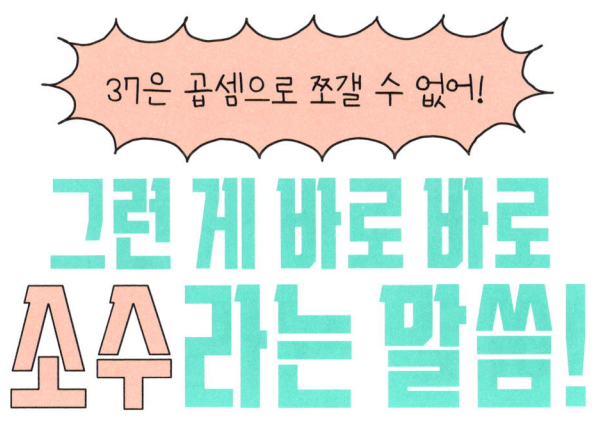

그런 수를 찾을 수 있겠어?

"기다려 봐!"

"음음, 13!"

"음음, 29!"

"음음, 31!"

잘하는데? 네가 방금 소수를 찾았어!

"내가?"

네가!

소수는 곱셈으로 쪼개지지 않아!
단단하게 저 혼자 있어.
고독하게 홀로 있고 싶어 해.
소수는 '수 중의 수'라 불려.

고고한 수, 도도한 수, 영어로 프라임 넘버!

1, 2, 3, 4, 5, 6, 7, 8, 9, 10, 11, 12, 13, 14, 15, 16…….
무한한 자연수들 속에 소수가 숨어 있어!

달력에서 소수를 찾아 봐!

SEPTEMBER						
S	M	T	W	T	F	S
					1	2
3	4	5	6	7	8	9
10	11	12	13	14	15	16
17	18	19	20	21	22	23
24	25	26	27	28	29	30

문제없어!

소수를 찾아라!

찾았어?

"찾았어!"

뭐, 뭐, 뭐야?

"1, 2, 3, 5, 7, 11, 13, 17, 19, 23, 29!"

오! 잘하는데?

하지만 고백할 게 있어.

"하지 마."

해야 돼.

네가 찾은 소수 중에서 1은 제외야.

"1은 왜 소수가 아니야?"

"쪼갤 수 없는 수 맞잖아!"

원래는 1도 소수였어. 200년 전까지만 해도 말이야.
"옛날에는 소수였는데, 지금은 아니라고?"
"말이 돼?"
그러게 말이야.
하지만 그런걸.

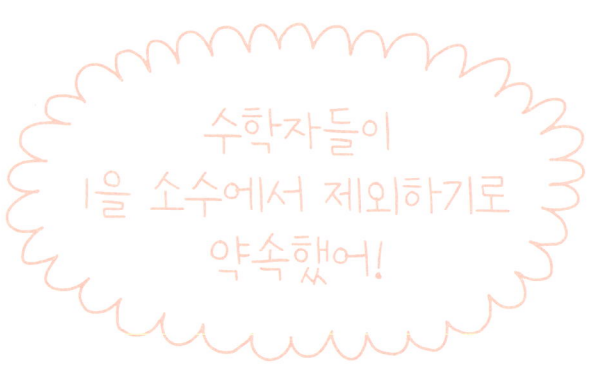
수학자들이
1을 소수에서 제외하기로
약속했어!

"헐, 왜? 누구 맘대로?"
수학자 맘대로!
이유는 나중에 알려 줄게.
지금은 말해 줘도 모를걸. 궁금해도 참아.
"못 참아!"

정말이야. 아무 수나 말해 봐.

"100!"

소수가 아니야! 곱셈으로 쪼개지잖아!

$$100 = 2 \times 50$$
$$= 2 \times 5 \times 10$$
$$= 2 \times 5 \times 2 \times 5$$

계속 계속 쪼개지니까 소수가 아니야.

"999!"

9로 쪼개질걸. 소수가 아니야.

$$999 = 9 \times 111$$
$$= 3 \times 3 \times 111$$
$$= 3 \times 3 \times 3 \times 37$$

"127!"

오호! 그건 소수야!

모든 수는 소수거나 소수가 아니거나 둘 중 하나라니까!

소수가 아닌 수는 계속 계속 쪼갤 수 있어.
소수×소수×소수×소수×소수×…… 소수가 될 때까지!

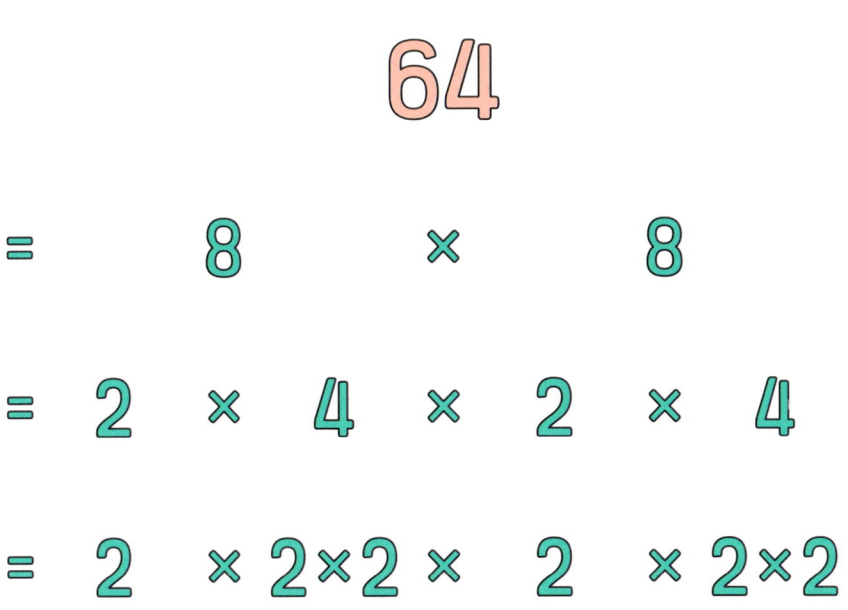

쪼개지고 쪼개지고 쪼개져!
이제 너는 숫자만 보면 쪼개 보고 싶어질걸.
"그럴 리가."

수를 쪼개 봐!

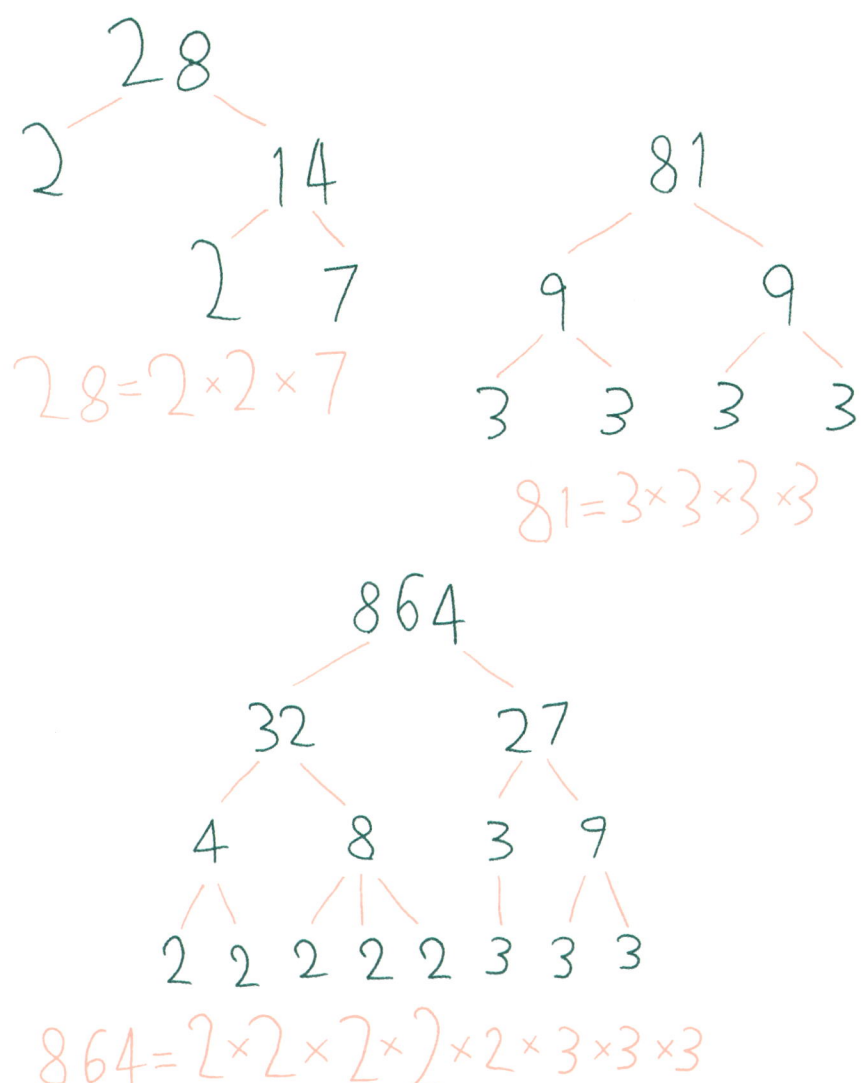

모든 수는 소수거나 소수가 아니야. 소수가 아닌 수는 소수로 쪼개져. 거꾸로, 소수를 곱해서 모든 수를 만들 수 있어. 수학자들이 소수를 사랑하는 이유는 소수를 곱해서 모든 수를 만들 수 있기 때문이야. 소수로 만들 수 없는 수는 없어!

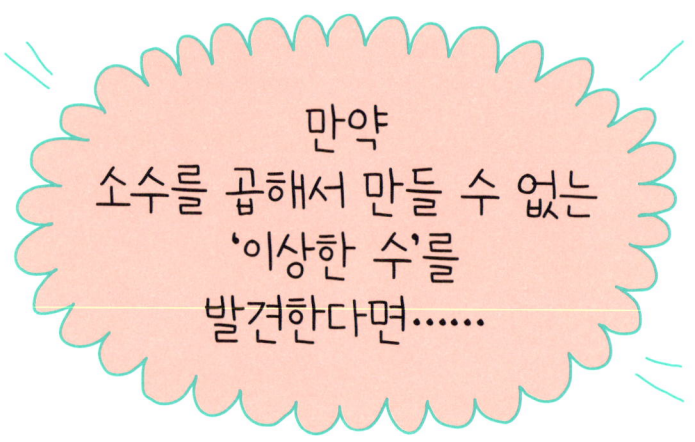

만약
소수를 곱해서 만들 수 없는
'이상한 수'를
발견한다면……

너는 수학의 역사를 새로 쓰는 영웅이 될 거야.
"정말 없다고?"
없어!

이제 1이 왜 소수가 아닌지 말해 줄게.
수학자들이 1을 소수에서 빼 버린 이유 말이야.
1을 소수라고 하면 곤란한 일이 벌어져.
6을 소수로 쪼갠다고 해 봐.
6=1×2×3이 될 수도 있고,
6=1×1×2×3이 될 수도 있고
6=1×1×1×2×3이 될 수도 있어.
"그럼 6=1×1×1×1×1×1×1×1×1×1×1×1×1×1×1×1×1×1×1×2×3도 될 수 있게? 푸하하!"
당연하지. 그래서 수학자들이 1을 소수에서 빼 버렸어.
1을 빼고, 2가 첫 번째 소수가 되었다는 말씀!
"아하! 나쁘지 않은 약속인걸?"
좋은 약속이야. 소수에서 1을 빼 버린 덕분에 수학이 훨씬 간단하고 아름다워져!

4 소수를 샅샅이 찾아라

```
  2   3   5   7  11  13  17  19  23  29  31  37
 41  43  47  53  59  61  67  71  73  79  83  89
 97 101 103 107 109 113 127 131 137 139 149 151
157 163 167 173 179 181 191 193 197 199 211 223
227 229 233 239 241 251 257 263 269 271 277 281
```

281까지 소수가 나와 있어.

그다음 소수는 무엇일까?

"282는 아니야."

왜?

"짝수잖아. 2로 쪼개져."

오, 제법인데?

"그렇다면 283?"

그럴지도 아닐지도.

"어떻게 알아?"

계산기를 가지고 와.

"그래도 돼?"

당연하지.

소수와 놀려면 계산기가 꼭 필요하다는 말씀! 283을 아무 수로나 나누어 봐.

"안 나누어져!"

그렇다면 소수일걸.

그다음 소수는 무엇일까?

그다음, 다음 소수는?

그다음, 다음 다음 소수는?

"그걸 내가 어떻게 알아?"

걱정 마. 수학자들 사이에 전해 내려오는 소수 찾기 비법이 있어. 그건 아주 쉬워. 계산기도 필요 없어.

1부터 100까지 소수를 찾고 싶어? 제일 먼저 1부터 100까지 모두 쓰는 것부터 시작해!

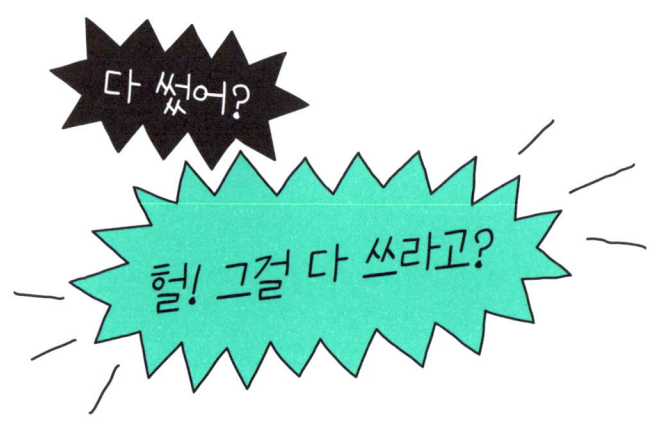

수학의 역사에 길이 남은 위대하고 놀라운 방법이 궁금하지 않다는 거야?

"알았어. 쓰고 있는 중이라니까!"

멀었어?

"멀었어!"

1	2	3	4	5	6	7	8	9	10
11	12	13	14	15	16	17	18	19	20
21	22	23	24	25	26	27	28	29	30
31	32	33	34	35	36	37	38	39	40
41	42	43	44	45	46	47	48	49	50
51	52	53	54	55	56	57	58	59	60
61	62	63	64	65	66				

아직도 멀었어!

아직도 멀었어?

빨리 좀 써.

"헉헉, 다 썼어!"

눈을 크게 떠. 이제부터 소수를 샅샅이 찾을 거야. 1부터 차례차례!

1은 소수일까? 아닐까?

"소수가 아니라고 약속했잖아!"

오호! 그럼 지워!

2는 소수야? 아니야?

"소수야!"

그럼 남겨!

두두 두두! 이제부터가 시작이야.

2를 남기고 2의 배수를 모두 지워! 4, 6, 8, 10, 12, 14…….

"왜?"

2의 배수는 모두 **2×**☐로 쪼개져.

몽땅 소수가 아니라는 말씀!

지워! 지워!

"오호!"

다 지웠어?

이제 다시 앞으로 돌아가.

남아 있는 수를 가지고 다시 시작해.

3은 소수야? 아니야?

"소수야!"

그럼 3을 남기고, 3의 배수를 모두 지워.

6, 9, 12, 15, 18······.

왜?

3의 배수는 모두 **3 ×** □ 로 쪼개져.

"오호, 소수가 아니야!"

"지워, 지워!"

"3의 배수를 모두 지워. 슥삭슥삭!"

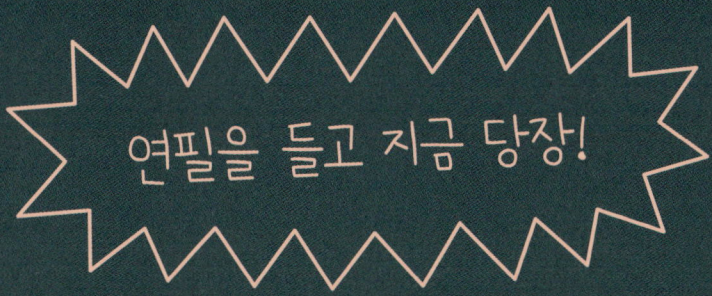

연필을 들고 지금 당장!

경고!
안 하면 절대 페이지를
넘길 수 없음!

3의 배수를 모두 지웠어?

그다음엔 5의 배수를 지워.

그다음엔 7의 배수를 지우고.

그다음엔 11의 배수를….

그다음에도…… 알겠지?

앗, 어떻게 된 거야?
벌써 지워졌잖아!
누가 지웠어!

네가 지웠을걸.

내가?

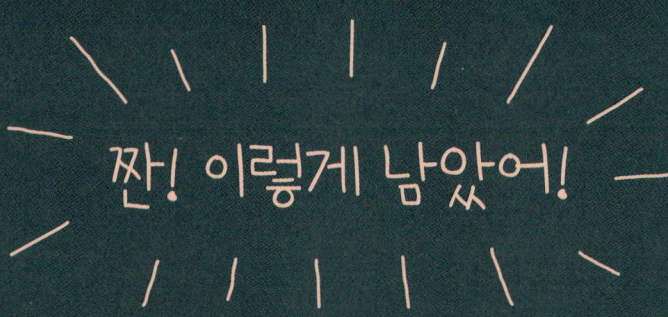

짠! 이렇게 남았어!

지우고, 지우고, 지웠더니,
소수가 아닌 수는 떨어져 나가고

소수만 남았어!

1에서 100까지
순식간에 소수를 찾았어!

내가?

네가!

2300년 전 에라토스테네스가 발명한 소수 찾기 방법이야. 에라토스테네스는 차례차례 배수를 지워 나가는 방법으로 1에서 1000까지 소수를 찾아냈어.

"헐, 1에서 1000까지?"

"나도 해 볼래."

얼마든지!

에라토스테네스가 발명한 방법으로 누구나 소수를 찾아낼 수 있어. 체에 받쳐 곡식을 골라내듯 소수를 골라낸다고 '에라토스테네스의 체'라 불러.

에라토스테네스의 체로 소수를 모두 찾을 수 있을까?

있어! 시간이 무한히 많다면.

2의 배수를 무한히 지워.

3의 배수를 무한히 지워.

5의 배수를 무한히 지워.

7의 배수를 무한히 지워.

"푸하하!"

웃지 마! 2300년 전 에라토스테네스의 소수 찾기 체가 지금도 그대로 수학책에 실려 있어. 1000년 뒤에도 2000년 뒤에도 소수를 배우는 아이들은 제일 먼저 에라토스테네스의 소수 찾기 체를 배울 거야.

⑤ 소수가 점점 사라져!

수학을 무지무지 좋아하는 거인이 있어.
"정말?"
들어 봐!
거인이 하루는 세상 모든 소수를 알아내기로 마음먹고,
거대한 에라토스테네스의 체를 흔들며 소수를 찾아.
하루에 백만 개씩 소수를 조사해.
"헐! 백만 개씩?"
거인이잖아! 거대하고 거대한 에라토스테네스의 체를
흔들어.
소수가 점점 쌓여 가.
그런데 이상해.
어쩐지 점점 불길한 느낌이 들어.
백만, 천만, 억, 십억, 백억, 천억, 조, 십조, 백조, 천조, 경,
십경, 백경, 천경, 해, 해 하나, 해 둘…….
숫자가 커질수록 소수가 자꾸 줄어드는 거야.
뒤로 갈수록 점점 점점 점점 점점 더 드물어져.
이러다 소수가 영영 사라지는 건 아닐까?
걱정이 돼.

그만 포기하려는 순간 앗!
거대한 소수 1개가 슬며시 나타나.
거인은 너무 기뻐서 껑충껑충 춤을 춰.
하지만 기쁨도 잠시, 그다음엔 다시 또 무한한 인내심을
가지고 소수를 찾아야 해.

거대한 수의 세계로 나아갈수록 소수를 만나기가
점점 점점 점점 점점 점점 점점 더 어려워져.
언젠가 소수가 바닥이 나고 마지막 소수가 나올 것만 같아!

아니,
마지막 소수는 없어!
영원하고 영원한
시간이 흘러서
겨우 1개가
나타난다 해도
그게 마지막 소수는
절대로 아니야.

그걸 어떻게 알아?

2300년 전에 수학자 유클리드가 알아냈어. 유클리드는
소수를 1개도 찾지 않고, 소수가 끝이 없다는 걸 알았다니까!
"헐, 어떻게?"
생각만으로!
"무슨 생각?"

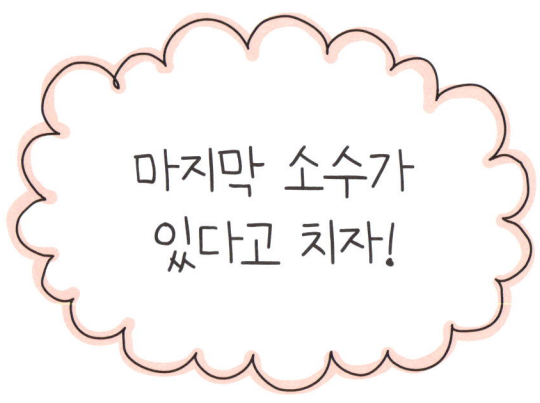

"겨우?"
아니, 아주아주 위대한 상상이라니까.
예를 들면, 이런 거야.

아니, 생각만 하는 거라니까.

네가 여자라고 상상하면 말도 안 되는 어떤 일이 벌어질 거야.

"당연하지!"

그러면 네가 여자라고 한 것이 틀렸다는 걸 알게 돼.

너는 여자가 아니고 남자가 맞아!

바로 바로 수학자들이 귀류법이라 부르는 증명 방법이야.

귀류법은 지금도 수학자들이 날마다 쓰는 도구야.

수학자는 황금이 없어도 살 수 있고 자동차가 없어도 살 수 있지만 귀류법이 없으면 아무것도 못해.

유클리드가 어떻게 증명했는지 볼래?

증명 시작…

가장 작은 소수부터 마지막 소수까지 모두 곱하면
아주아주 커다란 어떤 수가 돼.
바로 바로 이런 수!

$$2 \times 3 \times 5 \times 7 \times 11 \times \cdots\cdots \times 마지막\ 소수$$

이 수는 소수가 아니야!
"왜?"
곱셈으로 쪼개져 있잖아. 쪼갤 수 있는 수는 소수가
아니라고!
"오호!"

쉿!

이제부터 진짜로 놀라운 일이 시작돼.

유클리드는 소수가 아닌 아주아주 커다란 이 수에 딱 1을 더했어!

2 × 3 × 5 × 7 × 11 × …… × 마지막 소수 + 1

이 수는 소수일까 아닐까?

생각해 볼 것도 없어. 소수야!

"왜?"

1이 남아 있잖아! 절대 곱셈으로 쪼개지지 않는다고!

"오호."

그런데 이상하지 않아? 마지막 소수 다음에 더 이상 새로운 소수는 없다고 했는데, 새로운 소수가 튀어나와 버렸어!

어떻게 된 거지? 어떻게 된 거야?

뭐가 잘못됐지?

마지막 소수는 없는데, 마지막 소수가 있다고 상상했기 때문이야!

네가 남자인데 여자라고 상상한 거 같은 일이 일어났다는 말씀!

'마지막 소수가 있다.'고 상상한 게 틀렸어.

마지막 소수는 없어.

마지막 소수 뒤에 또 새로운 소수가 나와!

증명 끝!

하하! 하하!

유클리드가 기뻐서 웃음을 터뜨려.

이 세상 모든 수를 찾아보지 않고도 유클리드는 소수가 끝이 없다는 걸 단번에 증명했어!

6
소수가 어디에 숨어 있을까?

소수는 자연이 수학자에게 내린 선물이야.
아니!

소수 때문에 수학자들이 밤잠을 설친다면 믿을 수 있겠어?
소수 때문에 거의 미칠 지경이라면?
"왜?"
무한한 수의 세계에 무한하게 보물이 박혀 있는데,
수학자에게 보물 지도가 없기 때문이야.

보물 지도?

소수가 어디에 있는지 알려 줄 보물 지도가 없어!

"에라토스테네스의 체로 하면 되잖아!"
하면 되겠지!
하지만 할 수 없어!
백만, 천만, 억, 십억, 백억, 천억…… 수가 점점 커지면 어떻게 하겠어? 누가 하겠어?
누군가 한다 해도, 슈퍼컴퓨터가 한다 해도 소수를 모두 찾기는 불가능해! 소수가 보이는 안경이 정말로 있다면 모를까.
어마어마하게 커다란 어떤 수가 소수인지 아닌지 알려면 어떻게 해야 할까?
수학자도 방법을 몰라.
소수가 나타나는 규칙이 있다면 좋을 텐데!
소수를 뚫어지게 봐!
규칙을 찾을 수 있겠어?

2, 3, 5, 7, 11, 13, 17, 19, 23, 31, 37······.

대단한데?
하지만 모든 홀수가 다 소수인 것은 아니야.
9와 15는 홀수이지만 소수가 아니잖아?
"그건 그래."

"설마."
정말이야!

언젠가 수학자를 만나면 물어봐.

쌍둥이 소수에 대해 들어 봤어?

"쌍둥이 소수? 그게 뭐야?"

3과 5, 5와 7, 11과 13, 17과 19…….

나란히 붙어 다니는 소수야.

1091과 1093은 커다란 쌍둥이 소수야. 더 커다란 쌍둥이 소수도 있어. 1000037과 1000039!

하지만 쌍둥이 소수는 뒤로 갈수록 점점 점점 더 드물어져.

쌍둥이 소수는 정말로 드물어서 수직선이 끝없이 뻗어 나간 아득한 멀리에 고독하게 자리 잡고 있어.

무한한 우주에 있는 먼지 2개처럼.

다음 먼지를 찾으려면 얼마나 멀리 가야 할지 아무도 몰라.

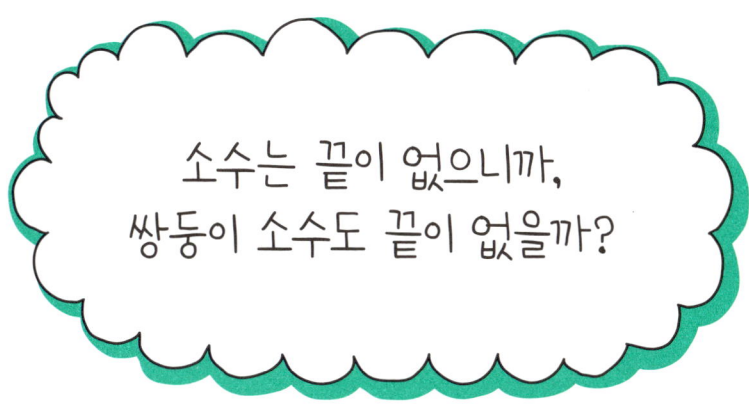

소수가 무한하다는 건 2300년 전에 유클리드가 증명했는데,
쌍둥이 소수가 끝이 있는지 없는지는 아무도 몰라.
2016년에 찾은 무시무시하게 커다란 쌍둥이 소수 한 쌍을
끝으로 아직 새로운 쌍둥이 소수를 찾지 못했어.
하지만 수학자들은 언젠가 또 다른 쌍둥이 소수가 기적처럼
나타날 거라고 믿어.

소수는 규칙이 없어.
소수의 리듬이 심장 박동이라면
1에서 100까지
소수의 심장 박동은
이렇다니까!

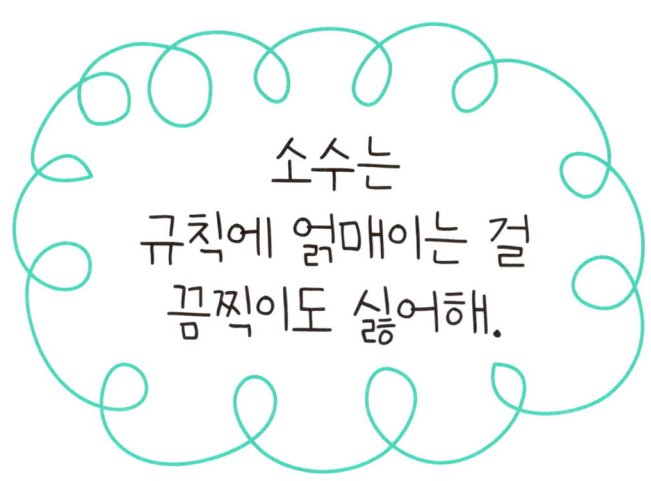

소수 목록을 뚫어지게 쳐다봐도 소수의 성질을 알 수가 없다니까!
소수의 행진에는 정말 아무런 규칙도 없는 걸까?
마치 별들이 아무런 규칙도, 이유도 없이 밤하늘에 흩어져 있는 것처럼, 소수도 무한한 수들 사이에 아무런 규칙이 없이 흩어져 있다고 믿어야 될까?

수학자들은 규칙이 없는 걸 괴로워해.
수학은 규칙을 찾는 학문이 아니겠어? 자연에 숨은 규칙을 발견하고 규칙을 설명해. 미래에 어떤 일이 일어날지 예측해.
그런데 소수에 규칙이 없다고?
자연수들 사이에 소수가 잡초처럼 불쑥불쑥 솟아 나와!
누구도 다음 소수가 어디서 솟아날지 예측할 수 없어.
소수는 수학자들이 연구하는 것 중에서 가장 제멋대로이고 고약한 성질을 가졌어.
수의 세계에 소수가 있는데 수학자가 아무런 설명을 할 수 없다니!

16××년에 수도사이자 수학자였던 메르센이 간단하고 놀라운 법칙 하나를 발견했어!

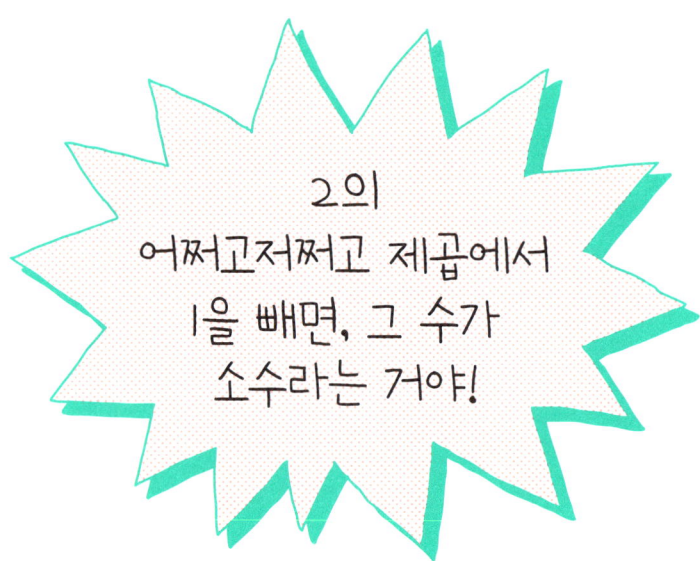

2의 어쩌고저쩌고 제곱에서 1을 빼면, 그 수가 소수라는 거야!

볼래?
소수를 만드는 마법의 공식이야.
수리수리마하수리!
여기에 어떤 수를 집어넣기만 하면, 짠! 소수가 튀어나온다는 거야.

메르센은 □에 2, 3, 5, 7, 13, 19, 31, 67, 127, 257을 집어넣으면 그 수가 소수라고 주장했어!
"정말?"

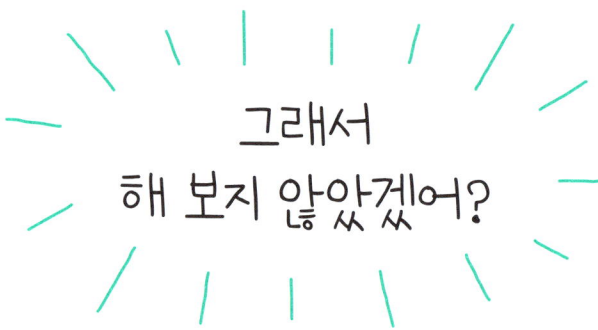

1857년에 에두아르 뤼카라는 수학자가 열다섯 살 때 메르센의 공식을 따라 계산을 시작했어. 2를 무려 127번 곱한 다음 1을 빼면 그 수가 정말 소수일까 하고.
"그게 뭐가 어려워?"
"2×127-1이잖아."
아니, 아니! 2×127이 아니라 2를 127번 곱하는 거라고! 이렇게 말이야!

2×2×2×2×2×2×2×2×2×2×
2×2×2×2×2×2×2×2×2×2×
2×2×2×2×2×2×2×2×2×2×
2×2×2×2×2×2×2×2×2×2×
2×2×2×2×2×2×2×2×2×2×
2×2×2×2×2×2×2×2×2×2×
2×2×2×2×2×2×2×2×2×2×
2×2×2×2×2×2×2×2×2×2×
2×2×2×2×2×2×2×2×2×2×
2×2×2×2×2×2×2×2×2×2×
2×2×2×2×2×2×2×2×2×2×
2×2×2×2×2×2×2×2×2×2×
2×2×2×2×2×2×2−1

2를 몇 번만 곱해 봐. 스무 번만 곱해도 벌써 어마어마한 수가 돼. 계산기도 금방 포기해 버리는 수야!
200년 전에 에두아르 뤼카는 연필과 손으로 2를 127번 곱하기 시작했어. 이렇게 기다란 수가 나왔어!

170141183460469231731687303715884105727

19년이 흐른 뒤에 뤼카는 마침내 이 수가 소수라는 것을 밝혀냈어.
"헉!"

그렇다면 메르센의 공식이 소수를 찾는 마법의 법칙일까?
그건 아니야!
메르센의 공식으로 듬성듬성, 어마어마하게 커다란 소수
몇 개를 찾았을 뿐이야.
혹시 뉴스에서 새로운 소수가 발견되었다는 소식이
들려오면 눈을 동그랗게 뜨고 봐. 그건 바로 바로 메르센의
공식으로 찾아낸 세상에서 가장 커다란 소수니까!
지금도 메르센의 공식에 따라 컴퓨터가 가장 큰 소수를 찾고
있어. 홈페이지에 접속해 프로그램을 업로드하면 누구나
참여할 수 있는 '초대형 메르센 소수 찾기 공동 프로젝트'야.
은행, 학교, 가게, 집…… 세계 곳곳에서 컴퓨터가 하루 일을
끝내고 쉬는 시간…… 고요하고 깜깜한 밤에 소수 찾기
프로그램이 돌아가.

소수 다음에 얼마만큼 가야 다음 소수가 나타날지 아무도 몰라.
하지만 소수에 관한 너무 놀랄 비밀이 있어.
위대한 수학자 에어디쉬가 말하기를, 모든 어린이는 소수의 규칙을 찾는 비밀을 갖고 태어난다는 거야.
"정말?"
그런데 아기가 6개월이 지나면 그걸 잊어버린다는 거야.

⑧ 소수 매미에게 무슨 비밀이 있을까?

소수를 맨 처음 누가 발견했을까?
수학자보다 소수를 먼저 발견한 건 작고 괴상한 벌레였어!
"말도 안 돼! 벌레가 어떻게 소수를 알아?"
그러게 말이야.
그런데 소수를 이용해 살아가는 매미가 있어.
"헐!"

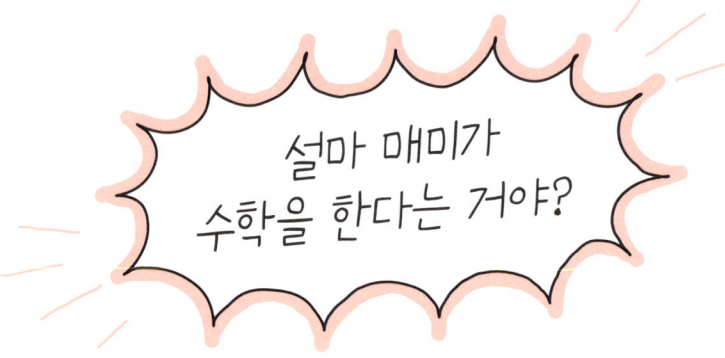

푸하하, 그럴 리가.
매미가 학교를 다녔을 리도, 숫자를 배웠을 리도 없는데, 그런데도 어떻게 알았는지 소수 해에만 태어나는 매미가 있다는 거야. 17년마다 태어나는 17년 매미, 13년마다 태어나는 13년 매미야. 소수 매미라고 불려.

17년 매미는 인생의 대부분을 깜깜한 땅속에서 애벌레로 먹고 자고 먹고 자고 먹고 자다가 17년째가 되는 해에 땅굴을 파고 땅 위로 올라와.

"애벌레가 어떻게 17을 알아? 세는 거야?"

몰라. 과학자도 몰라.

햇빛도 없고 바람도 불지 않는 캄캄한 땅속에서 매미는 17년이 지나간 걸 어떻게 알았을까?

그런데 알아!

애벌레가 꼬물꼬물 나무를 기어올라. 허물 벗는 연약한 모습을 누구에게도 들키지 않도록 캄캄한 밤이 될 때까지 기다려. 마침내 조용히 껍질을 벗고, 젖은 날개를 말려.

어른 매미가 돼!

그런데 이상하지 않아?

왜 17년일까?

1996년, 로이드와 다이버스라는 학자가 소수 매미의 비밀에 관해 논문을 썼어.

그건 바로 바로 천적 때문이야!

매미가 17년마다 나타나고, 매미의 천적인 말벌이 4년마다 나타난다고 해 봐.

그러면 매미는 17, 34, 51, 68……년째에 나타나.

말벌은 4, 8, 12, 16, 20, 24, 28, 32, 36, 40, 44, 48, 52, 56, 60, 64, 68……년마다 출몰해.

그럼 어떻게 되겠어?

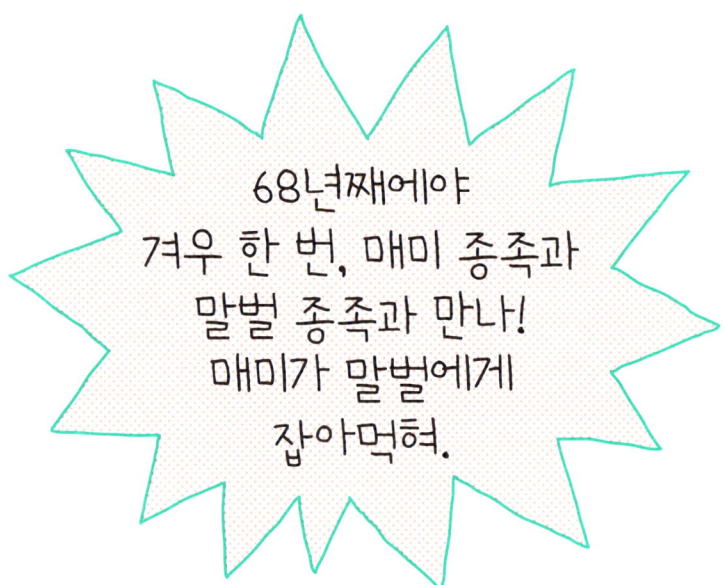

하하!

말벌은 매미가 자기 먹이라는 것도 까먹을 지경일걸.

17년 매미는 천적에게 잡아먹히지 않고 무사히 자손을 남겨.
알이 애벌레가 되고 애벌레는 땅속에 숨어 조상들처럼 또
장장 17년을 기다려.
17년 매미는 이따금 뉴스에도 등장해.
"왜?"
한꺼번에 수억, 수십억 마리씩 떼를 지어 나오기로
유명하거든.
17년마다 나오는 대신 한꺼번에 무시무시하게 떼를 지어
나타나 엄청나게 번식하는 거야.
소수.매미가 나오는 해에는 어찌나 시끄러운지 마을
사람들이 기나긴 휴가를 떠나야 할 정도라니까.

100년 전에만 해도 소수가 쓸모 있다고 생각한 수학자는 한 사람도 없었어.
"정말?"
소수는 2000년 동안 수학자의 서랍 속에만 있었어. 소수가 밖으로 나와 세상을 돌아다닐 일은 거의 없었어. 수학자들만 오래된 서랍을 열고 소수를 꺼내 들여다보고, 생각하고, 만지작거렸어. 소수는 덧셈, 뺄셈, 곱셈, 나눗셈에 비하면 사람들에게 거의 필요하지 않았거든.
물론 수학 교과서에 소수가 잠시 나오기는 해.
하지만 아이의 질문에 어른들도 대답을 못할걸.

소수에 대해 아는 사람이 지구에서 몽땅 사라진다 해도
세상은 문제없이 굴러갔을 거야.
그런데 어느 날 소수의 쓸모가 발견되었어!

1977년, 수학자 애들먼, 리베스트, 샤미르가 커다란 소수로
암호를 만들 수 있다고 주장했어.
소수가 암호가 된다고?
사람들은 암호를 만든 수학자들에게 곧 부자가 될 거라고
환호했어.

애들먼은 월급을 쪼개 스포츠카 대금을 할부로 갚아야 했어. 왜냐하면 소수 암호가 활약할 만한 곳이 비밀 첩보부와 군대 말고 별로 없었거든.

그러던 어느 날 지구에 놀라운 일이 일어나.

슬금슬금 사람들의 지갑 속에서 지폐가 사라지기 시작해. 꾸깃꾸깃 구겨지고 더러워지는 지폐 대신 납작하고 조그만 플라스틱 하나만 있으면 온갖 물건을 살 수 있다지 뭐야.

그러더니…… 헐!

언제부턴가 가게에 가서 그걸 내밀 필요도 없다는 거야.

사고 싶은 모든 물건이 컴퓨터 속에 들어 있어. 주문을 하고 딱딱, 딱딱 비밀번호를 입력하면 며칠 뒤에 게임기가 집으로 와. 치킨이 와. 냉장고가 와!

이런 일들이 모두 소수 때문에 가능하게 되었다면 믿을 수 있겠어? 소수로 만든 암호가 개인 정보와 신용 카드 정보를 보호해 주기 때문에 사람들이 안심하고 온라인 거래를 해!

소수로 어떻게 암호를 만들까?

소수 암호는 만들기 쉬워!

원리는 너무 간단해

소수 2개를 곱해서 어떤 수를 만들어.

암호를 풀려면 거꾸로 그 수가 어떤 소수로 되어 있는지 맞혀야 해.

6 = ☐ × ☐

6을 대면, ☐와 ☐라고 하면 암호가 풀려!

"뭐야 뭐야, 너무 쉽잖아?"

그래?

21은?

"3 곱하기 7."

77은?

"음…… 7 곱하기 11."

그럼 이건 어때?

2703은 어떤 소수 2개를 곱한 걸까?

$$2703 = \square \times \square$$

풀 수 있겠어?

기다려 봐!

틀렸어. 51은 소수가 아니잖아.

2703은 소수 2개로는 나올 수 없어. 이건 어때?

1475739525896764I2927

=

무엇과 무엇을 곱한 수일까?

"그걸 어떻게 알아!"

"못해!"

이걸 풀려고 어느 수학자가 나섰어.

19××년 수학자 대회

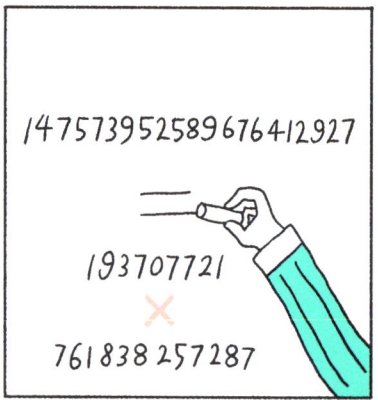

수학자들은 별로 호들갑을 떨지 않기로 유명해.
그런데 나이 지긋한 수학자가 겨우 곱하기 문제를 풀었을 뿐인데 모두 일어나 우레와 같이 박수를 치다니!
전자계산기도 컴퓨터도 없던 시절에 콜 교수는 꼬박 3년 동안 일요일 오후를 모두 바쳐서 계산하고 계산한 끝에 그 커다란 수가 어떤 소수 2개로 되어 있는지 찾아냈어.

소수 2개를 곱해서
큰 수를 만들기는 쉽지만,

그게 어떤 소수 2개를
곱한 건지 알아내기는

암호를 풀려면 커다란 어떤 수가 어떤 소수 2개를 곱해서 만들어졌는지 알아야 해. 그걸 풀려면 해커도 해골이 될걸!

콜 교수가 계산한 건 겨우 20자리 수일뿐이야. 지금은 300자리가 넘는 수로 암호를 만들어. 300자리 수가 어떤 소수를 곱해 만들어졌는지 찾는 건 슈퍼컴퓨터로 계산해도 수백 년이 걸려!

그런데 혹시 거대 소수가 모자라지 않을까? 전 세계 모든 사람들이 쓸 수 있을 만큼 암호를 많이 만들려면 말이야.

걱정 마! 100자리 소수만 해도 지구의 모든 사람들에게 몇백 개씩 나눠 줄 수 있을 만큼 충분히 많아. 거대 소수로 아무도 풀 수 없는 막강 암호를 만들어!

하지만 언젠가 소수를 찾는 마법의 공식이 발견된다면 암호가 뚫릴지 몰라!

"그럼 어떡해?"

아직까지 누구도 그런 것은 발견하지 못했어.

놀랍지 않아? 소수를 찾는 공식을 아무도 발견하지 못한 덕분에 소수를 암호로 쓸 수 있게 되었다니 말이야.

⑩ 외계인과 소수로 대화해

언젠가 소수를 찾아줄 마법의 공식이 발견될까?

그럴지도.

아닐지도.

어쩌면 누군가 발견했을지 모르는데 그걸 아무도 몰라.

"왜?"

수학자들 사이에 이런 유머가 전해져 와.

누군가 마법의 공식을 발견했을지 모르지만, 그걸 발견한 사람이 너무나 감격한 나머지 그 충격으로 곧장 숨을 거두고 말았기 때문이라는 거야.

"푸하하!"

언젠가 소수의 비밀을 알게 될까?

소수는 지금도 수학자들의 가장 커다란 수수께끼야.

규칙도 없고, 수가 커질수록 점점 더 드물어져만 가는데 끝은 없고. 어떤 커다란 수가 소수인지 아닌지 아는 것조차 너무 어려워.

어쩌면 우주 어딘가에는 소수의 비밀을 발견한 외계인 수학자가 있을지 몰라! 지능이 20000쯤 되거나 수학의 역사가 천만 년쯤 된다면 소수를 만드는 마법의 규칙을 벌써 발견했을지도.

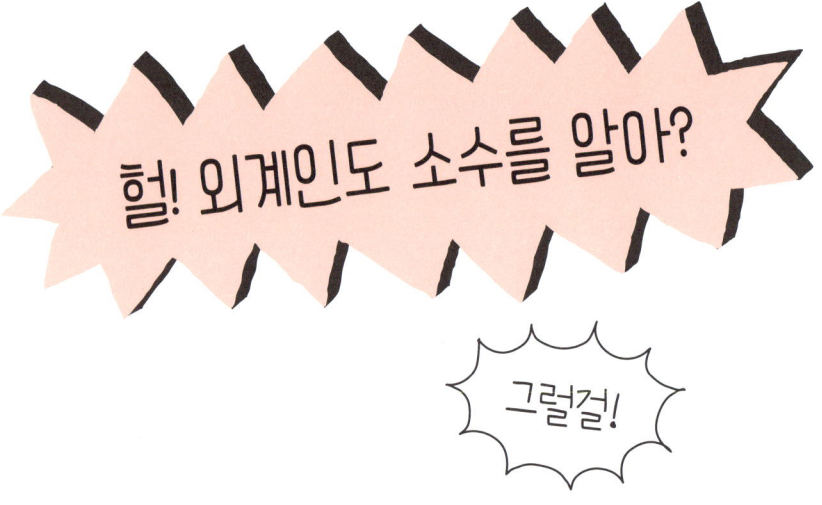

외계 생명체에게 지능이 있고, 수학을 한다면 틀림없이 소수를 발견했을 거야.
먼 훗날 은하 제국에 수학자 회의가 열린다면 첫 번째 주제는 소수일걸.

수학자들과 과학자들은 고대하고 있어.
언젠가 우주에서 희미하게 들려올지도 모르는 소수의
리듬을!
만약에 소수의 파동으로 이루어진 전파가 지구의 우주
망원경에 포착된다면 그건 절대로 우연일 리가 없어.
블랙홀도, 퀘이사도, 미친 듯이 회전하는 중성자별도, 우주에
있는 그 어떤 천체도 저절로 그런 파동을 낼 수 없어.

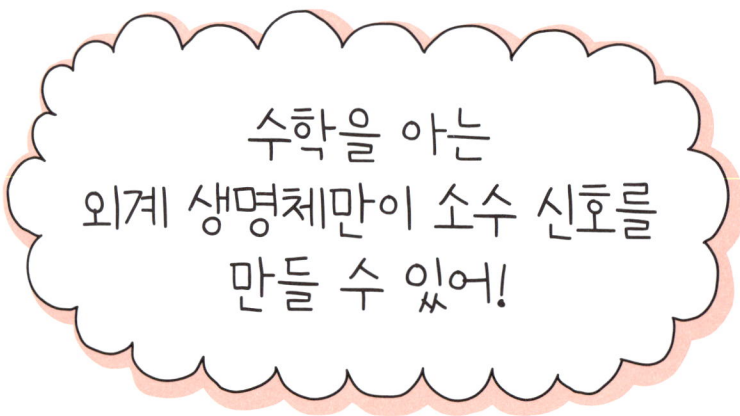

언젠가 머나먼 외계 문명이 우주의 또 다른 지적 생명체를
찾아 소수로 신호를 보내올까?

수학하는생명체으으응?
수학을 하는 생명체가
있나이

여기에
수학을 하는 생명체가
있어요오오오오오!

그럼 지구에서도 답장을 보낼 거야.

바로 바로

소수의 파동으로!

뚜뚜.

뚜뚜뚜.

뚜뚜뚜뚜뚜.

뚜뚜뚜뚜뚜뚜뚜.

뚜뚜뚜뚜뚜뚜뚜뚜뚜뚜뚜.

뚜뚜뚜뚜뚜뚜두뚜뚜뚜뚜뚜뚜.

뚜뚜뚜뚜뚜뚜뚜뚜뚜뚜뚜뚜뚜뚜뚜뚜뚜.

참고 문헌

데이비드 웰스, 심재관 역, 《소수, 수학 최대의 미스터리》, 한승, 2007

마커스 드 사토이, 고중숙 역, 《소수의 음악》, 승산, 2007

마커스 드 사토이, 안기연 역, 《넘버 미스터리》, 승산, 2012

김민형, 안재권 역, 《소수공상》, 반니, 2013

이언 스튜어트, 안재권 역, 《위대한 수학 문제들》, 반니, 2013

스티븐 스트로가츠, 이충호 역, 《x의 즐거움》, 웅진지식하우스, 2014

루돌프 타슈너, 박병화 역, 《보통 사람들을 위한 특별한 수학책》, 이랑, 2016

마리안 프라이베르거 외, 이경희 외 역, 《숫자의 비밀》, 한솔아카데미, 2017

매트 파커, 허성심 역, 《차원이 다른 수학》, 프리렉, 2017

다케우치 가오루, 서수지 역, 《소수는 어떻게 사람을 매혹하는가?》, 사람과나무사이, 2018

토머스 린, 이덕환 역, 《현대 수학의 빅 아이디어: 소수의 음모》, 까치, 2019

에르베 레닝, 이정은 역, 《세상의 모든 수학》, 다산사이언스, 2020

이언 스튜어트, 김성훈 역, 《수학의 이유》, 반니, 2022

미래가 온다 수학 시리즈는
미래를 바꿀 첨단 과학에 숨어 있는
수학의 원리를 배우고, 수학자처럼
사고하는 법을 체득하는
어린이 수학 정보서입니다.

01 수와 연산 **외계인도 수학을 할까?**
김성화·권수진 글 | 김다예 그림

02 소수와 암호 **거대 소수로 암호를 만들어!**
김성화·권수진 글 | 한승무 그림

03 기호와 식 **X가 나타났다!**
김성화·권수진 글 | 정오 그림

04 도형 **삼각형은 힘이 세다!**
김성화·권수진 글 | 황경하 그림

05 위상 수학 **첨단 도형이 온다!** (출간 예정)
김성화·권수진 글 | 김진화 그림

06 함수와 그래프 **함수는 이상한 기계야!** (출간 예정)
김성화·권수진 글 | 강혜숙 그림

07 패턴과 예측 **화장실 도둑을 잡아라!** (가제 | 출간 예정)
김성화·권수진 글

08 차원과 대칭 **괴물도형이 보여?** (가제 | 출간 예정)
김성화·권수진 글

09 확률과 통계 **동전을 백만 번 던져!** (가제 | 출간 예정)
김성화·권수진 글

10 무한 **무한괴물이 문제야!** (가제 | 출간 예정)
김성화·권수진 글